S. Feghelm, S. Reichardt

Hühner & Co.

Fensterbilder vom Lande

ENGLISCH VERLAG

Die Deutsche Bibliothek - CIP-Einheitsaufnahme
Hühner & Co.: Fensterbilder vom Lande / S. Feghelm; S. Reichardt.
Wiesbaden, Englisch, 1999
ISBN 3-8241-0904-2

ISBN 3-8241-0904-2

Fotos: Frank Schuppelius
Printed in Spain

Inhalt

Vorwort

Sich Zeit nehmen, Muße haben, das Leben genießen und dann noch kreativ sein – all diese kleinen Träume verwirklichen sich beim Herstellen von Papierarbeiten zum Thema Landleben.

Bringen Sie Atmosphäre in Ihr Haus: Harmonische Abstimmung von Möbeln und Stoffen, Holz, Terrakotta, Trockenblumen und natürlich viele liebevolle Accessoires, die alles erst so richtig gemütlich machen.

Unsere Motivvorschläge reichen von einfach bis aufwendig. Das beflügelt das natürliche Bedürfnis nach Kreativität und schafft die Möglichkeit, die ganze Familie in das Gestalten der Papierarbeiten miteinzubeziehen.

Betrachten Sie unsere Idee als Anregungen, spielen Sie mit den Farben, Schleifen und der Floristik, damit alles auf Ihr Heim abgestimmt ist.

Wir wünschen Ihnen viel Spaß beim Basteln!

Silke Reichardt & Stephanie Feghelm

Material und Werkzeug

Um diese Papierarbeiten zu basteln, benötigen Sie folgendes Material und Werkzeug:

- ✦ Fotokarton in verschiedenen Farben, 180 - 300 g
- ✦ Klebstoff
- ✦ evtl. Heißkleber
- ✦ Schere
- ✦ Cutter
- ✦ Schneideunterlage
- ✦ Bleistift
- ✦ Gelschreiber in Weiß, Royalblau und Schwarz (lichtecht)
- ✦ Filzstift in Gelb und Schwarz
- ✦ 3-D-Stift in Weiß und Gelb
- ✦ Buntstift in Rot, Hellbraun, Dunkelbraun und Gelb
- ✦ Architektenpapier
- ✦ Locher
- ✦ Tacker
- ✦ Radiergummi
- ✦ Spitzer
- ✦ Lineal
- ✦ Büroklammer
- ✦ Moos
- ✦ kleine Blüten
- ✦ Bast
- ✦ Schleifenbänder
- ✦ Wackelaugen
- ✦ Büttenrandschere
- ✦ Draht zum Abbinden der Schleifen
- ✦ Nähnadel
- ✦ Faden zum Aufhängen

Bastelanleitung

Motive übertragen

Um das Motiv vom Vorlagebogen zu übertragen, gibt es zwei Möglichkeiten:

1. Direktübertragung
Malen Sie das Motiv mit einem weichen Bleistift vom Vorlagebogen auf Architektenpapier ab.
Legen Sie jetzt das Architektenpapier mit der Bleistiftseite auf den gewünschten Fotokarton. Fahren Sie die Linien mit einem harten Bleistift nochmals nach. Hierdurch wird die Linie auf das Papier gepaust.

2. Schablonenübertragung
Wenn Sie ein Motiv mehrfach verwenden wollen oder ein Teil öfter benötigen, sollten Sie sich hierfür eine Schablone anfertigen. Pausen Sie die Teile mit Pauspapier ab. Kleben Sie dieses auf festen Karton. Schneiden Sie die Schablone aus. Jetzt

können Sie die Teile mit einem Bleistift auf dem gewünschten Fotokarton umfahren.

TIPP: Bei dunklen Papieren wählen Sie in beiden Fällen einen gelben Buntstift.

Schneiden

Alle Außenlinien bei den kleinen Motiven sind mit einer Silhouettenschere ausgeführt.

TIPP: Achten Sie darauf, dass die Schere große Fingerlöcher hat, so vermeiden Sie Druckstellen, besonders am Daumen.

Die Außenlinien der großen Motive sind mit einer Papierschere geschnitten.
Alle Innenausschnitte wurden mit einem Cutter ausgeführt. Benutzen Sie hierfür eine Schneidematte, die es heute schon recht preiswert zu kaufen gibt. Ihre Arbeit reißt so nicht und franst auch nicht auf der Rückseite aus. Gleichzeitig bleibt die Klinge länger scharf!

Da die Motive in der Regel von beiden Seiten wirken sollen, müssen Sie die Motive deckungsgleich arbeiten. Übertragen Sie deshalb das Motiv auf den gewünschten Fotokarton. Legen Sie einen zweiten Karton darunter und heften Sie beide mit dem Tacker zusammen, damit es beim Schneiden nicht verrutscht. Schneiden Sie nun das Motiv aus, Sie erhalten auf diese Art zwei absolut deckungsgleiche Teile.

Kleben

Grundregel hierfür ist: Verwenden Sie den Klebstoff sparsam. Tragen Sie ihn nicht ganz bis zum Rand auf, da er sonst beim Zusammendrücken herausquillt. Benutzen Sie beim Zusammensetzen der Teile wenn möglich die Vorlagebögen als „Montagehilfe".

Aufhängen

Damit die Motive im Raum schön gerade hängen, müssen Sie vorher ausbalanciert werden.

Wählen Sie hierzu den vermutlichen Mittelpunkt aus. Schieben Sie hierüber eine Büroklammer. Stecken Sie eine Nadel durch die Büroklammer, sodass das Motiv schwebt. Schieben Sie die Büroklammer so lange vorsichtig nach links oder rechts, bis das Bild nicht mehr wegkippt. Durch diesen Mittelpunkt ziehen Sie dann das Aufhängeband.

TIPP: Wenn die Motive durch eine Schleife verziert werden, müssen Sie diese unbedingt vor dem Ausbalancieren anbringen!

Motive rund ums Landleben

1. Efeu-Topf

Der Efeu-Topf ist eine Fensterdekoration fürs ganze Jahr. Am schönsten wirkt dieser Topf, wenn Sie Ihn, wie abgebildet, direkt am unteren Fensterrahmen befestigen.

Material:
- Fotokarton in Weiß und Grün
- Gelschreiber in Weiß
- Efeuband, 4 cm breit
- Satinband, 3 mm breit in Weiß

Anleitung:
Schneiden Sie alle Teile nach Vorlage in den entsprechenden Farben aus und verzieren Sie die Efeublätter entsprechend der Vorlage mit weißem Gelschreiber. Beim Zusammenkleben der Einzelteile hilft Ihnen der Vorlagebogen.

Zum Schluss befestigen Sie die Schleifen am Efeubogen und schneiden die Schleifenenden dekorativ ein.

2. Ländliche Ostereier

Die ländlichen Ostereier sind eine originelle Dekorationsidee für den Haselzweig zu Ostern oder eine Fensterdekoration wie abgebildet.

Material:

- Fotokarton in Karo-Blau, Weiß und Blau
- Bast in Blau

Anleitung:

Schneiden Sie die Eier gemäß Vorlage aus.

Bevor Sie die Margeriten aus weißem Fotokarton aufkleben, befestigen Sie wie abgebildet etwas Bast am Ei.

Das Loch für den Aufhängefaden aus Bast bringen Sie mit einer Lochzange an.

3. Hasenfamilie

Nachwuchs im Hasenstall ist nicht nur zur Osterzeit eine hübsche Motividee, die als solche vielseitig einsetzbar ist.

Material:

- Fotokarton in Braun
- Plattenmoos
- Gelstift in Schwarz
- evtl. Silikon

Anleitung:

Schneiden Sie alle Teile gemäß der Vorlage aus. Malen Sie nun die Gesichter mit dem Gelstift auf. Wenn Sie die einzelnen Gesichtsteile mit Silikon aufkleben, wirken sie plastischer.
Befestigen Sie abschließend von vorne das Plattenmoos.

TIPP: Für die Befestigung des Plattenmooses eignet sich am besten Heißkleber.

4. Möhren-Kranz

Der Osterhase hat sich sehr beeilt und alle Eier schon verteilt.
Nach dem Motto „erst die Arbeit, dann das Vergnügen", gönnt er sich nun die roten Rüben.

Material:
- Fotokarton in Weiß, Orange, Grün Curry und Karo-Grün
- 4 Wackelaugen, oval, 12 mm

Anleitung:
Schneiden Sie alle Teile nach Vorlage in den entsprechenden Farben aus.
Der Innendurchmesser des Kranzes, auf dem die einzelnen Teile aufgeklebt werden, beträgt 20 cm, der Außendurchmesser 26 cm.
Beim Zusammenkleben der Einzelteile orientieren Sie sich bitte am Foto und gehen beim Gebrauch des Klebstoffs entsprechend sparsam um, damit er nicht zwischen den Einzelteilen hervorquillt.

5. Stiefmütterchen-Kranz

Eine wunderschöne Wand- oder Fensterdekoration für das ganze Frühjahr stellen diese Stiefmütterchen dar. Besonders plastisch wirken die Blüten durch die gelben Pompons, die die Blütenmitte mit den Staubgefäßen andeuten.

Material:
- Fotokarton in Gelb und Grün
- Gelschreiber in Schwarz
- Pompons in Gelb, Ø = 7 mm
- Büttenrandschere

Anleitung:
Schneiden Sie alle Teile gemäß der Vorlage in den entsprechenden Farben aus. Beim Zusammenkleben der Einzelteile hilft Ihnen der Vorlagebogen.

Der Kranz, auf dem die Einzelteile aufgeklebt werden, hat einen Innendurchmesser von 18 cm und einen Außendurchmesser von 22 cm. Schneiden Sie die Blätter mit einer Büttenrandschere aus. Erst nach dem Kleben schneiden Sie die Blattadern mit einem Cutter aus.

Zum Schluss malen Sie die „Gesichter“ mit dem schwarzen Gelschreiber auf. Anschließend kleben Sie den Pompon in die Blütenmitte.

6. Hühner-Kette

Material:
- Fotokarton in Weiß, Gelb, Orange, Rot, Curry und Hellbraun
- Gelschreiber in Schwarz
- Karoband, 1 cm breit

Anleitung:

Die folgende Dekokette eignet sich besonders, um kleine Fenster in Küche, Flur oder Diele zu schmücken. Auch als Raumschmuck sind diese Ketten wunderbar einzusetzen.

Schneiden Sie alle Teile nach Vorlage in den entsprechenden Farben aus. Bei diesem Motiv sieht es übrigens sehr hübsch aus, wenn Sie es gegengleich arbeiten.

Beim Zusammenkleben der Einzelteile orientieren Sie sich am Vorlagebogen.

Kleben Sie das Band zwischen die Strohflächen und befestigen Sie zum Schluss in der Mitte eine Schleife.

7. Auf der Weide

Bei unseren ländlichen Motiven darf natürlich auch die gute alte „Gescheckte“ mit ihrem Kälbchen nicht fehlen.

Material:

- Fotokarton in Weiß, Schwarz, Hell- und Dunkelbraun, Hell- und Dunkelgrün
- Tonpapier in Rot und Gelb
- Schleifenband in Grün, 3 mm breit
- Bastkordel
- Messingglöckchen
- Filzstift in Schwarz

Anleitung:

Schneiden Sie alle Motivteile gemäß der Vorlage aus und setzen Sie zuerst den Apfelbaum zusammen. Das Grasteil befestigen Sie vor dem Baumstamm und setzen anschließend die übrigen Motivteile wie abgebildet auf das Grün. Zum Schluss kleben Sie die Butterblumen auf und setzen mit dem Fineliner kleine Akzente.

8. Am Weidezaun

Diese liebevolle Begegnung am Weidezaun eignet sich hervorragend für Ihre Küchendeko.

Material:

- Fotokarton in Weiß, Gelb, Apricot, Rot, Hell-, Mittel- und Dunkelgrün, Braun und Schwarz
- Tonpapier in Gelb
- Gelschreiber in Schwarz
- Wunderlocher „Blume"

Anleitung:

Schneiden Sie alle Teile laut Vorlage in den entsprechenden Farben aus. Beim Zusammenkleben der Einzelteile hilft Ihnen der Vorlagebogen. Kleben Sie den Flügel nur am vorderen Teil fest, und biegen Sie Ihn anschließend ein wenig vom Körper weg, dies lässt ihn plastischer erscheinen.

Schneiden Sie beim Kälbchen den Rand vom Ohr ganz fein ein. Das schwarze Schwanzende wird ebenfalls in feinen Streifen eingeschnitten. Malen Sie nun die Augen auf. Befestigen Sie zunächst den fertigen Zaun auf der grünen Grundfläche. Kleben Sie hinter den Zaun den Busch. Das Kälbchen wird vor dem Zaun befestigt. Anschließend fixieren Sie die kleinen Grasflächen auf der Grundfläche. Stanzen Sie mit dem Wunderlocher aus dem gelben Tonpapier die Blumen aus und kleben Sie diese vor die Grasbüschel.

9. Schweine-Kette

Hier nun ein weiteres Beispiel für eine Motivkette - auf diese Weise lassen sich auch verschiedene Fensterbilder nach Belieben dekorativ kombinieren.

Material:

- Fotokarton in Gelb und Rosa
- Stroh
- Perlonfaden
- Karoband, 2,5 cm breit
- Satinband, 3 mm breit
- Gelschreiber in Schwarz

Anleitung:

Schneiden Sie alle Teile gemäß der Vorlage in den entsprechenden Farben aus.

Beim Zusammenkleben der Einzelteile hilft Ihnen ebenfalls der Vorlagebogen.

Malen Sie die Linien mit dem Gelschreiber auf.

Fixieren Sie die kleinen Heubüschel auf die Heufläche. Orientieren Sie sich hierbei an der Abbildung.

Verbinden Sie die Teile mit Perlonfaden zu einer Kette, wobei Sie dekorativ mit einem Strohbündel abschließen. Befestigen Sie mittig darauf die Schleifen.

10. Hahn und Henne

Auch diese Dekokette eignet sich hervorragend als Wand- und Raumschmuck - man kann sie natürlich genauso gut ins Fenster hängen.

Material:

- Fotokarton in Weiß, Gelb, Rot, Blau, Grün, Braun, Dunkelbraun und Schwarz
- Gelschreiber in Schwarz
- 4 Wackelaugen, Ø = 7 mm
- Karoband in Gelb, 5 mm breit

Anleitung:

Schneiden Sie alle Teile nach Vorlage in den entsprechenden Farben aus.

Beim Zusammenkleben der Einzelteile orientieren Sie sich bitte am Vorlagebogen. Kleben Sie dabei das Band zwischen die einzelnen Motivteile.

Die Holzmaserung des Hühnerstalls malen Sie anschließend mit dem Gelschreiber auf.

Zum Schluss verzieren Sie die Hühnerkette noch mit den Schleifen, die Sie mittig auf dem Band zwischen je zwei Motivteilen platzieren.

11. Früchtezeit

Sommerlich erfrischend ist diese Papierdekoration für die Küche, indem sie mit einem Holzkochlöffel kombiniert wird.

Material:

- Fotokarton in Weiß, Gelb, Grün und Braun
- 3-D-Stift in Gelb
- Gelschreiber in Schwarz
- Bastelfarbe in Gelb und Braun
- Satinband in Gelb, 3 mm und 6 mm breit
- Musterband, 2,5 cm breit
- Dekoblüten und -blätter
- Holzkochlöffel, 30 cm lang

Anleitung:

Schneiden Sie alle Teile doppelt aus.

Das Blüteninnere wird mit einem 3-D-Stift in Gelb aufgetragen. Die Pünktchen

der Birnen entstehen dadurch, dass etwas braune Bastelfarbe auf das Papier gespritzt wird. Tauchen Sie hierzu einen Borstenpinsel in die Farbe. Streichen Sie diesen anschließend über ein Sieb. Die Farbe spritzt – fein gepunktet – auf den gelben Fotokarton.

Beim Zusammenkleben der Einzelteile können Sie sich am Vorlagebogen orientieren.

Die Dekoration befestigen Sie am besten mit Heißkleber am Kochlöffel, den Sie zuvor mit gelber Bastelfarbe angestrichen haben.

Mit einem gelben Satinband versehen lässt sich der dekorierte Kochlöffel sowohl am Fenster als auch an der Wand wirkungsvoll platzieren.

12. Blumenkorb

Ein Korb voll Sommerblumen, die nie verblühen. Dieser Fenster- oder Raumschmuck eignet sich besonders für das Wohnzimmer.

Material:
- Fotokarton in Weiß, Royalblau, Hellblau und Grün
- Gelschreiber in Royalblau
- Karoband, 2,5 cm breit

Anleitung:
Schneiden Sie alle Teile nach Vorlage in den entsprechenden Farben aus.

Beim Aufkleben der Blüten orientieren Sie sich bitte am Foto und verwenden den Klebstoff äußerst sparsam.

Das Blüteninnere wird durch einen Locherpunkt gebildet.

Die Linien malen Sie im Anschluss auf, die Blüten wirken durch sie plastischer.

13. Im Ententeich

Ein idyllisches Familienglück im Wasser. Dieses Fensterbild eignet sich auch fürs Badezimmer.

Material:
- Fotokarton in Weiß, Gelb, Orange, Blau und Grün
- Gelschreiber in Schwarz

Anleitung:
Schneiden Sie alle Teile nach Vorlage in den entsprechenden Farben aus. Beim Zusammenkleben der Einzelteile richten Sie sich bitte nach dem Vorlagebogen sowie der Abbildung.
Malen Sie zum Schluss die Augen und Konturen auf.

14. Bienenkorb

Diese Bienchen stechen ganz bestimmt nicht und schaffen sommerliche Frische an Ihr Fenster.

Material:
- Fotokarton in Weiß, Haut, Ocker, Schwarz, Gelbschwarz gestreift
- Gelschreiber in Schwarz
- Nähgarn
- Perlenfaden

Anleitung:
Schneiden Sie alle Teile nach Vorlage in den entsprechenden Farben aus.

Beim Zusammenkleben der Einzelteile hilft Ihnen der Vorlagebogen. Bemalen Sie zunächst den Bienenkorb und kleben Sie anschließend die kleinen Bienen auf.

Hängen Sie die großen Bienen in verschiedenen Höhen unter den Bienenkorb.

TIPP: Falls Sie ein sehr großes Fenster haben, können Sie natürlich eine ganze Menge Bienen schwirren lassen. Kleben Sie dazu einfach die Bienen mit einem kleinen Stück Tesafilm direkt ins Fenster.

15. Sonnenblumen

Diese Blumen sorgen für sommerliche Stimmung in Ihren Fenstern und bilden eine reizvolle Alternative zum herkömmlichen Fensterbild.

Material:
- Fotokarton in Gelb und Grün
- Sonnenblumenkerne
- Bindfaden
- Draht

Anleitung:
Schneiden Sie alle Teile nach Vorlage in den entsprechenden Farben aus. Setzen Sie einen dicken Klecks Bastelkleber (Ø = 3 cm) in die Mitte der Blüte. Hierin legen Sie die Sonnenblumenkerne und lassen das Ganze ca. 2 Stunden aushärten.

Die Blütenblätter kleben Sie mit einem Strich Bastelkleber in der Mitte zusammen. Auch diese lassen Sie aushärten und biegen sie dann vorsichtig auseinander. Blatt und Blüte werden mit einem Bindfaden verbunden.

16. Gänse-Kette

Auch unsere Gänse-Kette bringt Bewegung ans Fenster und ist zusätzlich als Raumschmuck ein dekorativer Blickfang.

Material:
- ✦ Fotokarton in Weiß und Blau
- ✦ 8 Marabu-Federn in Weiß
- ✦ Draht zum Abbinden der Schleifen
- ✦ Gelschreiber in Schwarz
- ✦ Dekoblüten in Weiß
- ✦ Satinband, 1 cm breit
- ✦ Karoband, 0,5 cm breit

Anleitung:
Schneiden Sie alle Teile nach Vorlage in der entsprechenden Farbe aus und richten Sie sich beim Zusammenkleben der Einzelteile nach dem Vorlagebogen.

Jede Gans erhält eine Schleife aus Karoband, wobei die Abbindestelle mit einer Blüte verziert wird.

Für die Mitteldeko kleben Sie zuerst die Federn auf das Karoband. Anschließend platzieren Sie hierauf die einzeln gebundenen Schleifen.

TIPP: Besonders weißer Fotokarton ist durchscheinend. Malen Sie daher die Rückseite der Gänse an der Fensterscheibe oder auf einem Lichtkasten auf. Dadurch werden die Linien deckungsgleich.

17. Ländlicher Fensterbaum

Glücklich und zufrieden stellen unsere Tiere allesamt Prachtexemplare idyllischen Landlebens dar.

Material:

- ✦ Fotokarton in Weiß, Rosa, Curry, Braun, Hellgrau und Schwarz
- ✦ Gelschreiber in Schwarz
- ✦ Fensterbaum zum Hängen
- ✦ Schleifenband nach Belieben
- ✦ Bast
- ✦ Rosenblattranke

Anleitung:

Schneiden Sie alle Teile gemäß dem Vorlagebogen aus, und kleben Sie sie entsprechend der Abbildung zusammen. Mit dem Gelschreiber zeichnen Sie anschließend die Einzelheiten der Tierkörper ein.

Befestigen Sie die Tiere im Fensterbaum und dekorieren Sie diesen im Anschluss mit der Rosenblattranke und den Schleifenbändern.

18. Apfel-Fensterbaum

Diese knackig frischen Äpfel kündigen so langsam den Herbst an.

Material:

- ✦ Fotokarton in Rot, Hellbeige und Braun
- ✦ Buntstifte in Rot, Hellbraun und Dunkelbraun
- ✦ Fensterbaum zum Hängen
- ✦ Rosenblattranke
- ✦ Bast
- ✦ Schleifenband nach Belieben

Anleitung:

Schneiden Sie alle Teile nach Vorlage in den entsprechenden Farben aus.
Beim Zusammenkleben der Einzelteile hilft Ihnen der Vorlagebogen.
Umranden Sie den halben Apfel mit einem roten Buntstift.

Das Apfelinnere wird mit den braunen Buntstiften entsprechend der Abbildung gestaltet. Befestigen Sie die Äpfel im Fensterbaum und dekorieren Sie im Anschluss mit der Rosenblattranke und den Schleifenbändern.

19. Kuchenrolle

Eine bezaubernde Fensterdekoration für die Küche ist diese Kuchenrolle, denn mit ihrer frischen Blauweiß-Optik ist sie ein Blickfang mit dekorativen, sorgfältig ausgewählten Dekodetails.

Material:
- ✦ Fotokarton in Blau
- ✦ 3-D-Stift in Weiß
- ✦ Kuchenrolle, 24 cm lang
- ✦ Karoband, 0,5 cm breit
- ✦ Satinband, 1 cm breit
- ✦ Dekoblüten und -blätter

Anleitung:
Schneiden Sie alle Teile nach Vorlage aus und verzieren Sie sie mit dem 3-D-Stift, wie abgebildet. Wenige Pünktchen reichen schon, um eine frische Optik zu erzielen (denken Sie daran, dass weniger manchmal mehr ist!).

Die Dekoration befestigen Sie am besten mit Heißkleber an der Kuchenrolle, wobei Sie zuerst die Schleifen und darauf dann die Dekoblüten setzen.

20. Hirtenidylle

Mit diesen Figuren können Sie das ganze Jahr über Zweige in Ihrer Wohnung schmücken.

Material:
- ✦ Fotokarton in Weiß, Rosa, Haut, Grün, Hellbraun, Dunkelbraun und Schwarz
- ✦ Gelschreiber in Schwarz
- ✦ 1 Zweig als Hirtenstock
- ✦ Plattenmoos

Anleitung:
Schneiden Sie alle Teile nach Vorlage in den entsprechenden Farben aus. Beim Zusammenkleben der Einzelteile hilft Ihnen der Vorlagebogen.

Beim Schäfer wird der Hut und der Bart auf das Gesicht geklebt. Das Hemd und die Hose werden mit dem Umhang verbunden. Die Beine verbinden die Hose mit den Schuhen.
Die Arme werden nur an den Enden festgeklebt, damit man zum Schluss den Hirtenstock unterschieben kann.

Malen Sie beim Schäfer und den Tieren die Gesichter und Linien mit dem Gelstift auf.
Kleben Sie die Figuren senkrecht stehend ins Moos.

TIPP: Hierfür eignet sich hervorragend Heißkleber. (Abb. Seite 30)

21. Ilex-Kranz

Ein wunderschöner Tür- oder Fensterschmuck für die Weihnachtszeit ist dieser dekorative Ilex-Kranz.

Material:
- ✦ Fotokarton in Grün
- ✦ Ilex-Beeren, Ø = 6 mm
- ✦ Goldflitter
- ✦ Karoband, 2,5 cm breit

Anleitung:
Der Kranz, auf dem die Blätter angeordnet werden, hat einen Innendurchmesser von 13 cm und einen Außendurchmesser von 15 cm. Schneiden Sie jeweils 17 Ilex-Blätter aus.
Verteilen Sie die Blättergruppen auf dem Kranz wie abgebildet und setzen Sie die Einzelblätter dazwischen.
Die Ilex-Beeren befestigen Sie, indem Sie diese in den noch nassen Goldflitter legen.

Zum Schluss binden Sie die Schleifen mit Draht ab und befestigen diese mittig in der oberen Kranzhälfte.

ENGLISCH VERLAG

kreativ

ISBN 3-8241-0855-0
Broschur, 32 S., 2 Vorlageb.

ISBN 3-8241-0836-4
Broschur, 32 S., Vorlageb.

ISBN 3-8241-0864-X
Broschur, 32 Seiten

ISBN 3-8241-834-8
Broschur, 32 S., 2 Vorlageb.

ISBN 3-8241-0902-6
Broschur, 32 S., Vorlageb.

Lust auf Mehr?

Liebe Leserin, lieber Leser,

natürlich haben wir noch viele andere Bücher im Programm. Gerne senden wir Ihnen unser Gesamtverzeichnis zu. Auch auf Ihre Anregungen und Vorschläge sind wir gespannt. Rufen Sie uns einfach an oder schreiben Sie uns.

Englisch Verlag GmbH
Postfach 2309 · 65013 Wiesbaden
Telefon 0611/94272 - 0 · Fax 0611/9427230
E-Mail englisch@englisch-verlag.de
Internet http://www.englisch-verlag.de